Gerald Flade

Durch Jericho läuft ein Gerücht

Gerald Flade

Durch Jericho läuft ein Gerücht

Neutestamentliche Geschichten in Balladenform

Fromm Verlag

Impressum / Imprint
Bibliografische Information der Deutschen Nationalbibliothek: Die Deutsche Nationalbibliothek verzeichnet diese Publikation in der Deutschen Nationalbibliografie; detaillierte bibliografische Daten sind im Internet über http://dnb.d-nb.de abrufbar.

Bibliographic information published by the Deutsche Nationalbibliothek: The Deutsche Nationalbibliothek lists this publication in the Deutsche Nationalbibliografie; detailed bibliographic data are available in the Internet at http://dnb.d-nb.de.

Coverbild / Cover image: www.ingimage.com

Verlag / Publisher:
Fromm Verlag
ist ein Imprint der / is a trademark of
OmniScriptum GmbH & Co. KG
Heinrich-Böcking-Str. 6-8, 66121 Saarbrücken, Deutschland / Germany
Email: info@frommverlag.de

Herstellung: siehe letzte Seite /
Printed at: see last page
ISBN: 978-3-8416-0434-7

Inhalt

1. Die Weihnachtsgeschichte

Welch ein Gefühl für einen Mann,
der alle Welt beherrschen kann,

der weit und breit ein jedes Land
allein regiert durch seine Hand.

Kein Wunder, wenn ihn Neugier plagt,
wenn solch ein Mann sich schließlich fragt,

wie viel in Land, wie viel in Stadt
er wohl an Untertanen hat,

denn diese Zahl war gar nicht wenig
bei einem Kaiser oder König.

Im Jahre Null so ungefähr
war dies der Fall am Mittelmeer,

wo rundherum fast jedes Land
in Rom dem Kaiser unterstand.

Augustus nämlich gab Befehle,
dass man sein Volk im Reiche zähle.

Es wurde das Gebot erlassen,
das Volk in Listen zu erfassen,

und alle sollten – das war Pflicht –,
ob reisefähig oder nicht,

an den Geburtsort sich begeben.
Man wollte Steuern dort erheben.

Das gab ein schönes Durcheinander
vor lauter Wagen, lauter Wandrer.

Man ging zu Fuß, man ritt zu Pferde
fast manchmal um die halbe Erde.

Selbst Frau und Kind und alte Greise,
ein jeder musste auf die Reise.

Nun fand sich auch in jener Schar
ein frisch geback'nes junges Paar,

für das die Fahrt auf diese Weise
zugleich ergab die „Hochzeitsreise".

Sie kamen durch Jerusalem
und reisten bis nach Bethlehem.

Der Mann – mit Namen Josef heißt er –,
ein Nazarether Handwerksmeister,

dazu Maria, seine Braut,
– erst jüngst verlobt, demnächst getraut –

die hatten plötzlich festgestellt:
Maria bringt ein Kind zur Welt,

und nun – o Schreck – womöglich dort
in Bethlehem, am fremden Ort.

Da half kein Klagen und kein Weinen;
ein jeder hatte zu erscheinen.

So machten sie sich auf die Fahrt.
Der Weg war lang, die Reise hart.

Drei Tage etwa ging's umher.
Es war ein schrecklicher Verkehr.

Wohin sie ihre Blicke wandten:
Gesichter nur, die sie nicht kannten.

Wohin sie ihre Schritte lenkten:
Nur Menschen, die sie abseits drängten.

Und jeder Ochsenkarren staubte,
dass es den Atem einem raubte.

Es war vielleicht am vierten Tag,
als Bethlehem vor ihnen lag.

Nun hieß es, ein Hotel zu suchen,
ein Zimmer für die Nacht zu buchen –

in dieser Lage aussichtslos,
der Andrang hier war viel zu groß.

Wem sie auch ihre Lage klagten,
wo sie auch klopften, wo sie fragten –

sie fanden nichts zu guter Letzt;
ein jedes Haus war längst besetzt.

Allein, es gab dort einen Bauern,
der voller Mitleid und Bedauern

den beiden seine Scheune bot.
Nun gut, auch das ging in der Not.

So mussten sie sich halt bequemen
mit einem Stall vorliebzunehmen.

Na immerhin, Kopf unterm Dach
und fern von allem Lärm und Krach.

Schnell war das Lager schon zurecht.
Bald lag Maria gar nicht schlecht.

Es piekte zwar das frische Stroh,
und Mäuse piepsten irgendwo,

doch war es weich und auch recht warm.
Maria lag in Josefs Arm.

Und in der Stille jener Nacht
hat sie ihr Kind zur Welt gebracht.

Man hörte, wie ein Esel brüllte,
als sie das Kind in Windeln hüllte.

Und einfallsreich, wie Mütter sind,
fand sich ein Plätzchen für das Kind:

Ein Futtertrog mit Heu und Stroh
tat's statt des Bettchens ebenso.

Nicht weit entfernt zur selben Zeit
bewachten in der Dunkelheit

im Freien Hirten ihre Herde;
sie hausten auf der bloßen Erde.

Da wurde es mit einem Schlag
um sie herum hell wie am Tag,

und jemand trat an sie heran
und redete die Hirten an.

Von ihm kam auch der helle Schein.
Es musste Gottes Bote sein.

Aus dem geheimnisvollen Munde
ertönte unerhörte Kunde:

„Zur Freude für ein jedes Land
macht Gott sich heute selbst bekannt.

Es hat für euch in dieser Nacht
Gott seinen Sohn zur Welt gebracht,

der Frieden bringt und euch befreit.
Auf, zu ihm hin! Es ist nicht weit.

Das Zeichen ist ein kleines Kind
in einem Stall, wo Tiere sind.“

Die Hirten war'n noch ganz verstört.
als einen ganzen Chor man hört‘,

der laut ein Loblied ließ erschallen,
und sang von Gottes Wohlgefallen.

Dann sank die Nacht von neuem nieder,
und mit ihr schwanden auch die Lieder.

Die Männer, bisher regungslos –
jetzt gaben sie sich einen Stoß,

und einer sprach: "Lasst uns schnell geh'n,
um das Ereignis selbst zu sehn.

Vielleicht entdecken wir die Spuren
und finden das, was wir erfuhren.“

Man stimmte zu, sie zogen los,
die Neugier wurde übergroß.

So suchten sie in jedem Stall,
in jedem Schuppen, überall,

in Scheunen, Hütten und in Lauben,
erfüllt von Hoffnung und von Glauben,

bis sie tatsächlich alles fanden
und plötzlich vor dem Kindlein standen.

Es stand der Mund den Männern offen,
buchstäblich war es eingetroffen.

Umgab ihn auch kein Heil'genschein,
es musste dieser Knabe sein.

Und sie betrachteten das Kind,
erfreut, dass sie die Ersten sind.

Dann zogen sie von Haus zu Haus
und breiteten die Nachricht aus,

erzählten von den Engelchören.
Es sollte möglichst jeder hören.

Und wer's vernahm, geriet in Staunen.
Bald ging durch Bethlehem ein Raunen:

"Wie können Hirten davon wissen?
Es hätten Priester wissen müssen."

Denn alle Leute dachten eher,
dass Priester oder Pharisäer,

nicht solche Schäfer, solche Laien,
von Gottes Handeln Zeuge seien.

Im Stall, in dem das Kindlein lag,
war nun ein turbulenter Tag.

Zum Stillen war kaum Zeit genug,
denn ständig gab es jetzt Besuch.

Es wurden Wünsche überbracht,
Geschenke für das Kind gemacht,

und man erwies ihm solche Ehre,
als wenn das Kind ein König wäre.

Maria, als sie alles sah,
begriff wohl kaum, wie ihr geschah.

Sie überlegte immerfort
und dachte viel an jedes Wort.

Die Hirten kehrten voller Freude
zurück zur Herde auf die Weide.

Sie lobten Gott den ganzen Tag,
der nah jetzt in der Krippe lag.

Geistliche Betrachtung

Gott in einer Krippe – das ist eine gewagte Behauptung! Derjenige, den man mit allen Superlativen verbindet – unermesslich, allmächtig, allgegenwärtig, ewig, unergründlich – auf 50 cm Größe geschrumpft im Körper eines Kindes, in einem Futtertrog liegend.

Die Vorstellung, dass Götter auf Erden erscheinen, gehört zu vielen Religionen. Die Griechen hielten Zeus, Athene, Prometheus u. a. m. für Götter in Menschengestalt. Könige, Kriegshelden wie Alexander der Große oder die ägyptischen Pharaonen wurden als inkarnierte Götter betrachtet oder gaben sich sogar selber als solche aus.

Immer waren es herausragende Menschengestalten, unbesiegbar im Kampf, von athletischer Gestalt, aus königlichem Adel hervorgegangen, zu unermesslichem Reichtum gelangt. Unnahbar, unerreichbar, zum Teil furchteinflößend wirkten sie und schwebten in geradezu überweltlichen Sphären.

Wie anders das Kind in der Krippe. Sohn einer Magd und eines Handwerkers, unterwegs entbunden, ohne hinreichende medizinische Versorgung, mangelnden hygienischen Verhältnissen ausgesetzt, schutzlos den Unsicherheiten und Gefährdungen der Welt ausgeliefert.

So kommt Gott. So überraschend anders als man es erwarten würde. So diametral entgegengesetzt allen Vorstellungen anderer Religionen von Mensch gewordenen Göttern oder Gott gewordenen Menschen.

Dass Gott nicht in der jenseitigen Welt bleibt, in der Unerreichbarkeit, dass Gott sich erreichbar macht und zu erkennen gibt, das ist ein Wunder. Das andere ist, *wie* er es tut und wozu. Dass er diese irdische Weise wählt, diesen verletzlichen, aber zugleich auch für uns so natürlichen und vertrauten Weg einer menschlichen Geburt.

Allerdings bedeutet dieser Weg auch das Risiko der Uneindeutigkeit. Viel eindeutiger und unleugbarer wäre Gottes Kommen in die Welt gewesen, wenn er einen außergewöhnlichen Weg gewählt hätte: die Landung eines Außerirdischen, das plötzliche Auftreten eines Überirdischen aus dem Nichts mit übermenschlichen Fähigkeiten. Das wäre viel wirkungsvoller gewesen. Doch Gott zielt nicht auf den Effekt sondern auf

Glauben. Sein Kommen erschließt sich nicht rationalem Denken, sondern dem, der sich berühren lässt.

Die Weihnachtsgeschichte des Lukas gehörte übrigens nicht von Anfang an zum Glaubensgrundgut der Christen. Im Markusevangelium, das entstehungsgeschichtlich dem Lukasevangelium vorausgeht, fehlt die vertraute Weihnachtsgeschichte. Plötzlich ist Jesus, von dem es heißt, dass er „aus Nazareth in Galiläa kam", da und wird – ebenso wie im Johannesevangelium – mit der Taufe als "Sohn Gottes" proklamiert. Auch der Beginn des Matthäus-Evangeliums kennt keine Geburt im Stall, sondern lediglich in einem Bethlehemer „Haus". Bedenkt man, dass diese Evangelien vor Entstehung der Gesamtbibel anfänglich regional für sich allein existierten und Grundlage einzelner frühchristlicher Gemeinden bildeten, wird die Bedeutung der Geburtsgeschichte im Vergleich zu Wirken, Verkündigung, Leiden und Sterben Jesu stark relativiert. Entscheidend ist, dass Gott als Mensch die Welt betritt. In welcher Weise, ist zweitrangig – auch wenn die Weihnachtsgeschichte des Lukas diesbezüglich Kostbarkeiten enthält, auf die wir nicht mehr verzichten möchten. Wer jedoch dem Mensch gewordenen Gott begegnen, wer hören möchte, was er mitzuteilen hat, und sich auf ihn einlassen will, der wird es nicht bei dem Kind in der Krippe bewenden lassen, sondern wird begierig dran bleiben, was uns durch den erwachsenen Jesus verkündet und geschenkt wird.

2. Der Fischzug des Simon Petrus

Im Glanz der Morgensonne flimmernd,
von Hügeln eingerahmt, lag schimmernd,

wie hingegossen in sein Bett,
ganz still der See Genezareth.

Dort, wo kein Schilf das Ufer säumte,
wo leichte Gischt das Wasser schäumte,

da ragten Pfähle aus dem Sand.
Zwei Boote stießen grad an Land.

Die Luft roch stark nach Fisch und Tang.
Die Fischer kamen grad vom Fang,

doch schaukelten die Boote sehr;
das hieß, sie waren ziemlich leer.

Die Männer stiegen aus und schwiegen
und ließen ihre Kähne liegen.

Die Nacht durch hatten sie gefischt,
jedoch nichts Schmackhaftes erwischt.

Enttäuschung spricht aus ihren Blicken,
als sich die Männer müde bücken,

um ihre Netze auszuwaschen,
denn Dreck ist trotzdem in den Maschen.

So standen sie schon eine Weile
und wuschen Netze, Korken, Seile,

da wurde es am Strand lebendig:
es kamen Leute, und zwar ständig.

Die ganze Gegend, Groß und Klein,
fand sich mit einem Mal hier ein,

und immer mehr nach allen Seiten
begann das Volk sich auszubreiten.

Die Fischer riefen irritiert:
„Warum sind wir nicht informiert?“

Doch einer von den Fischern, der
sich Simon nannte, wusste mehr.

Er wusste, dass ein Mann hier weilte,
der Menschen half, ja Kranke heilte

und der umherzog, um zu lehren,
man solle sich zu Gott bekehren.

Und Simon dachte an den Tag,
als Schwiegermutter schwerkrank lag,

wie ihr im Leib das Fieber brannte
und jemand Jesus' Namen nannte,

wie man dann Jesus zu ihr bat,
der furchtlos an ihr Lager trat,

dem Fieber aufzuhör'n gebot
und sie bewahrte vor dem Tod.

Dies, erst vor kurzer Zeit gescheh'n,
erregte überall Aufseh'n,

und viele meinten, ob er gar
am Ende der Messias war,

der Retter, den man heiß ersehnte,
der in den Schriften oft erwähnte.

Jetzt konnte Simon selbst erfahren,
ob dessen Worte demnach waren,

denn eben hatte er vernommen,
der Meister würde grade kommen.

Die Leute warteten gespannt,
da kam er auch schon an den Strand.

Im Nu umringte mit Gedränge
ihn eine große Menschenmenge.

Man konnte ihn erst gar nicht sehn,
geschweige denn ein Wort versteh'n.

Doch Jesus selbst nahm seinen Weg
direkt hinab zum Landesteg,

sah auf die Boote, die dort lagen
– eins sollte ihn aufs Wasser tragen –

und stieg in Simons Boot hinein.
Es sollte seine Kanzel sein.

Er bat, vom Ufer abzulegen.
Nun, Simon hatte nichts dagegen.

So hat er nämlich ungestört
die ganze Predigt mitgehört.

Und Jesus saß auf einem Brett,
sah auf den See Genezareth,

dann auf die Menge, die am Strand
schon voll Erwartung vor ihm stand,

als er begann, das Volk zu lehren
und Gottes Willen zu erklären.

Sein Wort war einfach, treffend, klar,
sein Wort war liebevoll und wahr.

Am Mittag schließlich Predigtpause,
doch keiner wollte schon nachhause.

Da plötzlich ein verweg'nes Wort:
„Ihr Fischer, auf, und geht an Bord!

Fahrt mit dem Boot auf See hinaus
und werft nochmal die Netze aus!"

„Auf Fischfang jetzt um diese Zeit?
Da beißt kein Fisch an weit und breit.

Das Reden kannst du ja sehr fein,
doch Fischen lass mal unser sein!"

So hat wohl mancher still gedacht.
Doch Simon, der hat mitgemacht.

„Zwar", sprach er, „sind wir schon mit Fleiß
die ganze Nacht – wie jeder weiß –

mit unserm Boot auf See gegangen
und haben dabei nichts gefangen,

doch auf dein Wort hin soll's gescheh'n:
Ich will nochmals aufs Wasser geh'n."

So ließen sie die Netze wieder,
wie oft geübt, ins Wasser nieder.

Das Boot trieb ruhig auf den Wellen,
jetzt konnten sie auf Halbmast stellen.

Ein jeder schwieg, sah vor sich hin
und glaubte kaum an einen Sinn.

Doch plötzlich reißt es an der Leine.
Die Fischer springen auf die Beine.

Gepackt von Furcht und von Entsetzen,
starrt alles sprachlos zu den Netzen.

Und wie sie in die Tiefe schauen,
will keiner seinen Augen trauen:

Da wimmelte es doch inzwischen
von lauter schönen großen Fischen,

von Barsch und Karpfen, Hecht und Schlei,
ein alter Schuh war auch dabei.

Die Netze wurden voll im Nu.
Man winkte den Gesellen zu,

dass sie im andern Boot schnell kämen
und eine Ladung übernehmen.

Gemeinsam zog man an den Netzen
mit Vorsicht, um nichts zu verletzen.

Da zappelte es hin und her.
Die Netze waren überschwer.

Das erste Boot war schon so voll,
dass es am Rande überquoll,

und auch das zweite füllten sie.
Das war ein Fischfang wie noch nie!

Besorgt sah man die Männer winken:
„He, Leute, helft, die Boote sinken!“

Und nur mit knapper Müh und Not
kam bis ans Ufer jedes Boot.

Als Simon seinen Kahn verlässt,
steht für ihn unabweislich fest:

Wer so ein Werk vollbringen kann,
der ist gewiss ein Gottesmann.

Und Simon sah dagegen sich,
als er mit Jesus sich verglich,

wie wenig Glauben er besaß
und Gottes Güte oft vergaß.

Und Simon sich zu Jesus wandte,
fiel ihm zu Füßen und bekannte:

„Herr, gehe du hinweg von mir.
Ich bin ein schlechter Mensch vor dir."

Doch Jesus sprach und sah ihn an:
„Hab keine Angst, du Fischersmann.

Von jetzt an hat dich Gott bestellt
zum Menschenfischen in der Welt."

Nach diesen Worten nun begann es,
dass auch Jakobus und Johannes,

des Simons zwei Berufsgesellen,
sich Jesus mit zur Seite stellen.

Und alle waren sie bereit
und hatten gleich für Jesus Zeit.

Schon waren die drei ausgestiegen
und ließen alles steh'n und liegen.

Die Boote zogen sie aufs Land
und so verließen sie den Strand.

Sie führten aus, was Jesus sprach.
Sie folgten ihm buchstäblich nach.

Sie wurden ständige Begleiter
und seine engsten Mitarbeiter.

Und Simon, später umbenannt,
ist uns als Petrus wohl bekannt.

Geistliche Betrachtung

Es ist das Vorrecht des Menschen, seinem Leben eine neue Richtung zu geben und – so es gelingt – eingefahrene Spuren zu verlassen.

Das Wunder der Geschichte vom Fischfang ist weniger der überraschende Fangeffekt am hellichten Tag als vielmehr die Wandlung, die aus einem schlichten Fischer einen weltbekannten Missionar und eine Säule der christlichen Kirche werden lässt. Der sensationelle Fischfang dient weder der Volksbelustigung noch dem Nachweis übersinnlicher Fähigkeiten Jesu, sondern ist vorbereitendes Zeichen dessen, wozu Petrus und seine Gefährten berufen werden: Menschen aus dem Meer der Welt zu fischen – und zwar auch dort, wo keine Aussicht auf Erfolg erscheint – , für Jesus zu gewinnen und zu erleben, wie aus Sündern Gerechte werden.

Berufungen sind immer einmaliger Art. Unzählige Menschen haben ähnliche Berufungen erfahren, für viele sind sie sogar zum Beruf geworden. Nicht zu verwechseln mit Karrierestreben oder beruflichen Aufstiegen. Für nicht wenige wie Petrus Berufene bedeutete die Berufung sogar einen zumindest finanziellen Abstieg und Aufgabe bisheriger Sicherheiten. Doch der Auftrag entschädigt für alle Unannehmlichkeiten, die von Jesus Berufene auf sich nehmen.

Bemerkenswert ist, dass Jesus sich keine Elite erwählt, sondern Menschen mitten aus dem Leben greift, nicht nur Menschen mit wenig Bildung, sondern auch verpönte, wie beispielsweise den Zöllner Matthäus, Untergrundkämpfer wie Judas Iskarioth oder eben Petrus, der sich von Jesus durchschaut weiß als "sündiger Mensch".

„Und sie verließen alles und folgten ihm nach". Dies bedeutete ein Lebenseinschnitt, wie man ihn radikaler sich nicht vorstellen kann. Abenteuerlust reichte dafür gewiss nicht aus. Spätestens im Garten Gethsemane, als Jesus gefangen genommen wird, wäre die Abenteuerlust vergangen. Zum Glück braucht Jesus nicht nur Menschen, die alles verlassen, sondern auch solche, die in ihren angestammten Lebensbezügen Jesus folgen und sich in seinen Dienst stellen. Dabei kommt man nicht unbedingt "besser" weg. Manchmal ist es sogar schwieriger, den Glauben in der gewohnten Umgebung zu leben, wo meine Eigenarten und

Schwächen bekannt sind. Jesus nachzufolgen, seine Liebe zu praktizieren, die auch vor denen nicht halt macht, die mir quer kommen, ist in jedem Falle eine Herausforderung – manchmal im nahen Umfeld mehr als in der Fremde.

3. Zachäus

Ein heißer Tag, die Sonne sticht.
Durch Jericho läuft ein Gerücht.

Man steckt die Köpfe dicht zusammen:
„Woher mag diese Nachricht stammen?“

Man flüstert an den Straßenecken,
die Leute ihre Hälse recken.

Sie horchen nach der neuen Kunde:
Ein Name ist in aller Munde

von einem Mann, der Kranke heilt,
der kommt und in der Stadt verweilt

und Jesus heißt, ein großer Lehrer;
wohin er kommt, hat er Verehrer.

Das Neuste, was man grad erfuhr,
war dies, dass dieser Jesus nur

mit ein paar Worten einen Blinden
das Augenlicht ließ wiederfinden.

„Und höret nur die Stelle, wo!
Ganz dicht am Tor von Jericho!“

Die Leute waren außer sich;
das klang ja wirklich unglaublich,

das wollte jeder selber seh'n –
ein Wunder nur im Handumdreh'n.

Man wartete voll Tatengier;
ganz Jericho stand hier Spalier.

Auch fragten manche sich und dachten:
„Wo wird der Mann wohl übernachten?“

Bei hohen Herren, das war klar,
wenn er ein so Berühmter war.

Wohin der Ruf zuerst hin drang,
das war der Zoll am Stadteingang.

Hier hörte man zu allen Zeiten
von fremden Händlern Neuigkeiten.

Doch war's die Schuld der Zollbeamten
dass alle Leute sie verdammten.

Aufgrund der überhöhten Zölle
wünschte man alle in die Hölle.

Sie lebten nämlich vom Betrügen;
Passanten mussten sich dem fügen,

doch schimpften sie, sooft sie konnten;
so gab es immer harte Fronten.

Die Zöllner öffneten die Schranke,
doch niemals sagte jemand: Danke.

So saßen sie tagaus, tagein
und strichen satte Gelder ein.

Der Nachteil an den Kassen war:
Die Freizeit war für Zöllner rar.

Der Oberste der Zolleinnehmer,
der hatte es da schon bequemer.

Dem stand anheim, aus freien Stücken
sich zwischendurch mal zu verdrücken.

Und um recht informiert zu sein,
fand er sich im Spektakel ein.

Zachäus, so hieß jener Mann,
kam leider sehr verspätet an.

Er stieß auf dichte Menschentrauben,
unmöglich, dass sie ihm erlauben,

durch sie hindurch den Mann zu seh'n;
schon will er traurig wieder geh'n.

War er als Zöllner schon verpönt,
so hatte er sich dran gewöhnt.

Doch kam dazu sein altes Los:
Er war nicht mal eins fünfzig groß.

Ließ er sich mit Familie sehn,
dann blieben manche Leute steh'n,

sie fingen Witze an zu machen
und andre fingen an zu lachen,

denn er – das sah man sehr genau –
war kleiner noch als seine Frau.

Das konnte einen schon bedrücken.
Nun stand er hinter lauter Rücken

und reckte seinen kurzen Hals,
nur Jesus sah er keinesfalls.

Doch zog ihn dieser Mensch so an,
dass er sich eine List ersann:

Ich laufe schnell voraus und steige
auf einen Baum, in hohe Zweige.

Dort kann ich mich ganz gut verstecken,
und niemand wird mich so entdecken.

Kaum der Gedanke war gefasst,
hielt Ausschau er nach einem Ast,

war schnell ein Stück vorausgeeilt;
ein großer Baum war angepeilt.

Bevor die Menge angekommen,
war schon der Baum von ihm erklommen.

Und während unten jeder stand,
Zachäus einen Sitzplatz fand.

Er saß nicht schlecht, das Laub war dicht,
Zachäus hatte gute Sicht.

Er konnte durch die Blätter spähen,
den großen Meister endlich sehen.

Da kam er – ruhig, freundlich, heiter –
und nach ihm seine zwölf Begleiter.

Der Mann war schlicht, ja karg gekleidet.
Ob er wohl hohe Kreise meidet?

Zachäus staunte unwillkürlich.
Wie gab der Mensch sich so natürlich,

der gar nicht, wie Zachäus dachte,
den Eindruck eines Zaub'rers machte?

Nun sah Zachäus ziemlich dicht
direkt des Mannes Angesicht.

Er konnte es in Ruh' betrachten.
Hier würde niemand ihn beachten.

Doch plötzlich stand der Rabbi still,
als wäre er an seinem Ziel.

Man sah ihn auf den Baum zugeh'n.
Direkt darunter blieb er steh'n

und forschend sah er durch die Zweige,
was sich im Blätterwerk dort zeige.

Zachäus' Herz fing an zu pochen.
Er spürte Schmerzen in den Knochen.

Ganz plötzlich fing er an zu schwitzen.
Er konnte nicht mehr länger sitzen.

Schnell duckte sich Zachäus tief,
da nahm er wahr, wie Jesus rief

und hörte deutlich seinen Namen.
Er sah, wie alle näherkamen.

O weh, zu spät, er war blamiert,
sein Ruf jetzt vollends ruiniert.

Doch Jesus rief ihn freundlich an:
„Komm schnell herunter, kleiner Mann.

Du sollst mir heut' als Gast gewähren,
in deinem Hause einzukehren!"

Der Mann im Baum, erst ganz verstört,
und sicher, dass er sich verhört,

rief außer sich vor Freude aus:
„Willkommen seid in meinem Haus –

du und auch die, die dich begleiten!
Ich werde euch ein Mahl bereiten."

Er war noch beim Herunterklettern,
da hörte man schon Leute wettern:

„Habt ihr das eben mitgehört?“
Die Menge war zutiefst empört.

„Seht, bei Betrügern kehrt er ein,
dann muss er selbst auch einer sein!“

Ja, auch Zachäus ganz persönlich,
der wusste, das wär ungewöhnlich,

und während sie zu Tische saßen,
die delikaten Speisen aßen,

ließ ihn die Frage noch nicht los,
aus welchem Grund denn Jesus bloß

grad in des Zöllners Hause kam.
Zachäus fühlte plötzlich Scham.

Es fiel ihm seine Arbeit ein,
denn sein Gewissen war nicht rein.

Und Jesus, der ihn kennen musste,
tat so, als wenn er gar nichts wusste.

Doch was Zachäus nicht verstand:
Er fühlte sich von ihm erkannt.

Er spürte plötzlich das Verlangen,
ein neues Leben anzufangen.

Er zog Bilanz aus seinem Leben,
aus seinem Raffen, seinem Streben.

Was hatte er von seinem Posten,
von dem Gewinn auf andrer Kosten?

Er war gehasst, er war allein.
Sein Job trug ihm nur Feinde ein.

Er trat vor Jesus und erklärte
so, dass im Raum es jeder hörte

und dass noch unterm Fensterrahmen
die fremden Leute es vernahmen:

„Ich geb die Hälfte meiner Habe
an Arme ab als Liebesgabe,

und vierfach werde ich erstatten,
wo Menschen Nachteil durch mich hatten!"

Ein jeder wurde still und wusste,
dass er sich auch noch ändern musste.

Da sagte Jesus hoch erfreut
zur ganzen Hausgesellschaft: „Heut'

hat dieses Haus hier Heil erfahren,
denn jene, die verloren waren,

und nicht die selbstgerechten Frommen
bin ich zu suchen hergekommen!“

Am nächsten Tag, kaum war es helle
Zachäus kam zur Arbeitsstelle,

da staunte, wer zur Schranke kam,
wie wenig Zoll man von ihm nahm.

Geistliche Betrachtung

Menschen ändern sich nicht dadurch, dass man ihnen aus dem Weg geht, über sie schimpft oder schadenfroh über ihre Schwächen herzieht. Sie werden nachdenklich, wenn man sie ernst nimmt und ihnen mit Unvoreingenommenheit verblüfft. So tat es Jesus, als er Zachäus vom Baum rief und sich gerade bei ihm einquartierte – ein Ehrenbeweis, der entwaffnete. Mit erstaunlichen Folgen! Sich von der Hälfte seines Besitzes zu trennen, das soll erst einer nachmachen. Und unlauter Erworbenes vierfach zu erstatten hört sich schon fast übertrieben an.

Und selbst wenn es so wäre, der Sinneswandel ist unübersehbar. Dabei brauchte sich der Zöllner nicht einmal eine Moralpredigt anzuhören. Mit keinem Wort geißelt Jesus den Lebenswandel, nicht einmal die Berufspraxis des Zöllners. Allein sein Dasein, das diesen zu klein geratenen, unausstehlichen Geldscheffler als Mensch würdigt, krempelt ihn um, macht ihm die Umkehr möglich, ohne sein Gesicht zu verlieren. Wieder ein Wunder, nicht übersinnlicher Art, aber äußerst ungewöhnlich und wider Erwarten.

Das ist die Art, wie Jesus Menschen begegnet. Veränderung ist nicht Vorbedingung, dass Jesus einen Menschen annimmt – die bedingungslose Annahme des Menschen durch Jesus wirkt Veränderung.

Das gibt die Marschrichtung an, "Menschen zu fischen", unaufdringlich, fast im Vorübergehen. Wenn es uns doch gelänge, Menschen so offen und vorurteilsfrei zu begegnen, dass sie gar nicht anders können, als aufrichtig zu werden!

4. Jesus geht auf dem Wasser

Ein ganzer Tag war fast verstrichen,
die größte Hitze schon gewichen.

Nicht weit vom See Genezareth
saß Jesus schon von früh bis spät

umringt von fremden Menschenmengen;
die lagerten sich an den Hängen.

Sie stammten aus den nahen Orten
und lauschten emsig seinen Worten.

Die Zeit verrann, die Mägen knurrten
fast lauter als die Grillen surrten.

Der Hunger rief nach Brot und Trank,
nun – Wasser gab es, Gott sei Dank.

Probleme gab es mit dem Essen.
Man hatte Proviant vergessen.

Fünf Brote fanden sich, zwei Fische.
Die nackten Steine wurden Tische.

Doch sollte das für alle reichen?
Das war ein „Picknick“ ohnegleichen!

Fünftausend Männer, wie es heißt,
wurden an diesem Tag gespeist,

natürlich noch dazu nicht minder
auch alle Frauen und die Kinder.

In Gruppen hatte man gesessen,
geteilt, was da war, und gegessen.

Doch dann am Ende kam das Beste:
Es blieben jede Menge Reste,

zwölf große Körbe an der Zahl;
die waren übrig von dem Mahl.

Wie schon gesagt, die Sonne sank,
die Schatten wurden meterlang.

Die ersten Leute gingen wieder;
es legte sich der Abend nieder.

Die Zwölf, die stets bei Jesus waren,
bat er jetzt, schon vorauszufahren,

im Schiff den See zu überqueren
und zum Quartier zurückzukehren,

er käme später hintendrein.
Jetzt wollte er alleine sein.

Die Männer folgten seinem Wort
und zogen, wie befohlen, fort,

begaben sich hinab zum Strand
und stießen mit dem Boot vom Land.

Zum Volk sprach Jesus: "Geht nach Haus,
die Freiversammlung ist jetzt aus."

Als endlich spät die ganze Schar
von Jesus fortgegangen war,

stieg er hinauf auf einen Berg
und dachte an sein Tagewerk.

Er kniete nieder zum Gebet
grad, als die Sonne untergeht.

Er dankte Gott, er schöpfte Kraft.
Ein langer Tag war nun geschafft.

Die Jünger hatten unterdessen
längst schon in ihrem Boot gesessen.

Es war inzwischen dunkle Nacht
und Petrus gab am Steuer acht.

Man sah kein Land, man sah kein Licht,
es kümmerte den Seemann nicht.

Sah man auch nicht die Landestelle,
hier kannte Petrus jede Welle.

Allein, ein Gegenwind begann,
die See erwachte und fing an,

das Boot zu senken und zu heben.
Der ganze Kahn begann zu beben.

Vom Sturm war jeder bald erwacht.
Die Männer starrten in die Nacht.

Da plötzlich schrie jäh einer: "Halt!
Seht ihr dort drüben die Gestalt?“

Tatsächlich, jeder sah sie jetzt
und war erschrocken, ja entsetzt:

„Gibt es Gespenster auf dem Wasser?"
Sie zitterten und wurden blasser.

„Seht dort, da ist sie immer noch!“ –
„Seid nur getrost, ich bin es doch!"

Die Stimme kam vom Wasser her
und klang, als wenn sie Jesus wär'.

Die Männer waren fassungslos.
War es am Ende Täuschung bloß?

Als Erster fasste Petrus sich:
„Bist du es, Herr, dann rufe mich

und lass mich auf das Wasser kommen!“
Hat Petrus sich nicht übernommen?

Die Jünger warteten gespannt
und hielten Ausschau nach dem Land,

doch Jesus rief ihm zu: „Komm her,
steig aus dem Schiff und tritt auf's Meer!“

Nun, Petrus war nicht wasserscheu
und hohe See war ihm nicht neu.

Doch darauf kam es jetzt nicht an,
als er den ersten Schritt begann.

Tatsächlich hielt das Wasser ihn,
und gar nicht schlecht, so wie es schien.

Jedoch als er die Wellen sah,
schrie Petrus laut: „Bist du noch da?"

Rings um ihn nichts als lauter Wasser,
die Kleider wurden immer nasser.

Und er erschrak, fing an zu sinken.
Er schrie: „Herr hilf, ich muss ertrinken!“,

als plötzlich Jesus vor ihm stand
und ihn ergriff bei seiner Hand:

„Was zweifelst du, ich bin doch hier.
Schau nur auf mich, vertraue mir!“

Und sie begaben sich an Bord,
– auch Jesus selbst –, man sprach kein Wort.

Und es geschah, der Sturmwind wich,
die hohen Wellen legten sich.

Die Jünger fielen vor ihm nieder,
begriffen plötzlich ganz neu wieder,

und aller Zweifel war entfloh'n:
Wahrhaftig, er ist Gottes Sohn!

Geistliche Betrachtung

Wen sollte es wundern, dass der „Erstgeborene vor aller Schöpfung, in dem alles geschaffen ist im Himmel und auf Erden" (Kolosser 1,15f), auf dem Wasser gehen kann? Der, der die Materie, Kräfte und Naturgesetze erschaffen hat, sollte der nicht auch in der Lage sein, sie bei Bedarf zu ändern? Doch nicht auf das Naturwunder kommt es in dieser Geschichte an, sondern darauf, in jeder Lebenslage Vertrauen zu Jesus zu gewinnen.

Fast wäre es Petrus gelungen, fast hätte sein Glaube ihn buchstäblich getragen. Doch die Probe aufs Exempel bestand nicht allein im Verlassen des Bootes, sondern im Weitergehen, als er – schon auf dem Wasser schreitend – die Wellen vor sich erblickte.

Wir mögen längst Glauben gefasst haben und es mag klar sein für uns, dass Jesus uns durchs Leben trägt. Doch was am Morgen noch untrügliche Gewissheit war, kann schon am Mittag zutiefst erschüttert und fraglich werden. Unser Leben ist ein Auf und Ab, unser Glaube erlebt Höhenflüge und Abgründe, und wer vorgibt, noch nie gezweifelt zu haben, hat vielleicht noch nie wirklich geglaubt.

Wir erleben Jesus in dieser Geschichte als den großen Seelsorger. Er ermutigt Petrus: "Komm her!" Jesus tut das nicht, um Petrus vorzuführen. Er traut ihm diesen Schritt wirklich zu. Als Petrus zu sinken beginnt, weidet sich Jesus nicht an dessen Angst. Er streckt ihm seine Hand entgegen und ergreift ihn. Die Frage "Warum hast du gezweifelt?" ist keine rhetorische Frage. Sie will ihm helfen, Klarheit zu gewinnen, wie wenig Anlass dazu besteht. Wo der ist, dem "alle Gewalt gegeben ist im Himmel und auf Erden", gibt es nichts zu fürchten. Wo Jesus ist, kann ich nicht verloren sein, wenn ich mich an ihn halte – selbst wenn mich der Tod ereilt.

"Und sie traten in das Boot und der Wind legte sich." Seit Ostern und Himmelfahrt glauben wir an den gegenwärtigen Christus in seinem Geist. Christus ist unsichtbar im Boot. Wir müssen nicht fürchten, dass er unvermittelt aussteigt, sodass wir ihn beschwören müssten, wieder ins Boot zurückzukehren. Jesus ist da, auch in Momenten, in denen wir nicht an ihn denken oder von seiner Gegenwart nichts zu fühlen meinen.

Allerdings ist unser Glaube in solchen Zeiten besonders gefährdet. So ist es nur gut, Jesus immer wieder ausdrücklich ins Boot des Lebens einzuladen – wir tun es im Gebet –, auch wenn wir wissen, dass seine Nähe zugesagt und nicht an unser Fühlen gebunden ist. Dabei geschieht nicht selten die Erfahrung, dass Lebensstürme sich tatsächlich legen und Wellen sich glätten. Und das lässt sich durchaus fühlen!

5. Der Kämmerer aus Äthiopien

Ein Volk, das Gott so sehr verehrte
wie Israel, von dem man hörte,

dass dessen Gott nicht sichtbar sei,
nicht Stein noch Holz noch Malerei,

– ein Gott nur für ein ganzes Land,
das spricht sich rum, das wird bekannt.

Selbst in Äthiopien, in der Ferne
vernahm man Neuigkeiten gerne.

Am Königshof ein Mann von Welt,
als Kämmerer dort angestellt,

erfuhr von den Israeliten,
von deren Bräuchen, deren Riten,

von ihren Priestern und Rabbinen,
die ihrem Gott im Tempel dienen,

von den Gesetzen und Gebeten,
den alten Schriften der Propheten

und – nicht zuletzt – vom Allerbesten:
den weltberühmten Tempelfesten,

die zu erleben war ein Muss,
– und so entstand hier der Entschluss,

den Ort selbst einmal aufzusuchen –
und ging den Eselskarren buchen.

So kam der Mann aus fernem Land
und kämpfte mit dem Wüstensand.

Jerusalem – ein weites Ziel!
Das war nicht grad ein Kinderspiel.

Warum er sich zur Reise zwang
war denn auch mehr als Bildungsdrang.

Er wollte in den Tempel treten
und jenen fremden Gott anbeten.

Nach langer mühevoller Reise
auf nicht gerad' bequemer Weise,

erreichte er die große Stadt,
ein wenig müd', ein wenig matt.

Und wär er nicht so aufgeregt,
hätt' er sich erst aufs Ohr gelegt,

doch Ruhen kam jetzt nicht in Frage;
sein Urlaub hatte wenig' Tage.

Voll Neugier auf die frommen Leute
sprach er: „Zum Tempel auf, noch heute!"

So kam er an des Tempels Tor,
doch ach, es stand ein Schild davor:

„Nichtjuden Zutritt untersagt,
es wird bestraft, wer's dennoch wagt!"

Die Juden nehmen das genau,
es ging dem Heiden wie der Frau:

Sie durften in den Vorhof treten
und dort im Abseits stille beten.

Im Tempelinnern unterdessen
beten die Männer, opfern, essen.

Von einer hochgeleg'nen Stufe
ertönen plötzlich Priesterrufe.

Man lauscht gebannt, die Hand am Ohr,
man liest aus alten Schriften vor.

Der Kämmerer hört zwar nicht schlecht,
nur leider, er versteht nicht recht.

Zu gerne würde er erfahren,
was dies für große Worte waren.

Er blickt in einzelne Gesichter,
er rückt noch an den Redner dichter.

Umsonst, so schön das Ganze war,
wovon der sprach, war ihm nicht klar.

Doch gibt es dort auch viel zu seh'n,
mit Recht ein Grund, noch nicht zu geh'n.

Im Hof verkauft man Opfertiere
und für zuhause Souvenire.

Der Kämmerer bleibt steh'n und zählt,
was er noch bei sich hat an Geld.

Man fragt ihn, was er kaufen wolle.
Er kauft sich eine Schriftenrolle.

Und mit der Rolle in der Hand
ging er zum Ausgang und verschwand.

Die Sonne brennt, die Räder knarren,
der Mann sitzt wieder auf dem Karren.

Die Stadt Jerusalem im Rücken
entschwindet bald den letzten Blicken.

Er murmelt vor sich hin ganz leise:
„Komm Esel, los geht's, auf die Reise."

Was er gesucht hat und erstrebt
– Gott selber –, hat er nicht erlebt.

Zur selben Zeit, als dies geschah,
war in der Stadt Samaria

ein Mann der ersten Christenheit.
Dem gab Gott folgenden Bescheid:

„Du musst den Weg nach Gaza geh'n,
dort wirst du einen Wagen seh'n,

auf dem ein Schwarzer sitzt und liest.
Halt dich an ihn, wenn du ihn siehst!

Er liest, doch kann er's nicht versteh'n,
er braucht dich, na, du wirst schon seh'n."

Was also soll Philippus machen?
Er packte seine sieben Sachen,

ging, wohin Gott ihn haben wollte,
wo jener Eselskarren rollte.

Bald konnte er ihn schon erkennen.
Jetzt musste er ein bisschen rennen.

Es galt, sich ja nicht umzudreh'n,
denn überall gab's hier Kakteen.

Dann endlich hatte er's geschafft,
blieb steh'n und schöpfte neue Kraft

und ging dann langsam nebenher,
zunächst, als wenn nichts weiter wär.

Und unter einer Plane saß
tatsächlich jener Mann und las.

Er hörte laut bekannte Klänge,
prophetische Gedankengänge.

Philippus schlich ganz dicht heran.
„Das hört sich nach Jesaja an.

Ob der wohl überhaupt versteht,
worum es in den Texten geht?

Der Mann liest die Jesaja-Schrift!
Erstaunlich, wie sich das so trifft."

Und schlendernd trat er an den Wagen,
zu sehen, wie die Dinge lagen.

„Verzeihen Sie, wenn es nicht stört,
ich hab ein bisschen zugehört,

da bin ich neugierig gewesen,
ob Sie versteh'n, was Sie da lesen."

„Wie kann ich, ich bin ganz allein?
Wenn Du es kannst, dann steig doch ein.“

Das tat Philippus gern und saß
und lauschte, wie er weiterlas.

Jesaja dreiundfünfzig, acht
hat's ihm besonders schwer gemacht.

Er fragt Philippus, was ihm scheint:
„Wer ist mit diesem Lamm gemeint?

– Es wird zur Schlachtbank abgeführt,
wobei es sich nicht wehrt noch rührt,

lässt Unrecht an sich still gescheh'n,
will in den Tod für and're geh'n.

Sieht der Prophet sich selbst hierin?
Wenn nicht, wen hat er dann im Sinn?“

Philippus denkt: "Nicht schlecht die Frage.
Jetzt kommt's drauf an, was ich ihm sage.“

Und er erklärte ihm die Schrift,
dass sie auf Jesus' Tod zutrifft

und dass in Jesus Gott selbst kam,
den Menschen ihre Schuld abnahm,

dass Jesus starb und auferstand,
und wie Philippus zu ihm fand.

Der Esel schnaubte durch die Nase,
er witterte eine Oase.

Bald kamen Palmen schon in Sicht,
auch eine Quelle fehlte nicht.

Der Esel konnte Wasser saufen –
und der Äthiopier ließ sich taufen,

„denn“, sprach er froh, „was hindert's noch,
ist hier doch grad ein Wasserloch."

Philippus sagte: "Nicht so eilig,
denn dieser Schritt ist ernst und heilig.

Er ist nur jemandem erlaubt,
der auch an Jesus Christus glaubt.“

„Ich glaube“, sprach der Kämmerer,
„von jetzt ab ist er auch mein Herr,

denn langsam kann ich jetzt versteh'n,
durch Jesus Gott hindurch zu seh'n.“

Darauf war nichts mehr zu entgegnen.
Er ließ sich taufen und sich segnen.

Sie war'n dabei, an Land zu steigen,
– der Täufling wollte sich verneigen, –

da war Philippus schon verschwunden
und erst in Asdod aufgefunden,

wo er verkündete und sprach:
„Ich folge Jesus Christus nach!“

Doch wo die Straße nach dem Süden führt,
wo Wüstensand den Horizont berührt,

da schnaubt ein Esel kräftig durch die Nase,
da zieht ein Schwarzer fröhlich seine Straße.

Geistliche Betrachtung

Wenn das kein Einsatz ist von jenem Fremden, an einem Gottesdienst teilzunehmen! Vielen Menschen sind schon wenige Kilometer eine zu große Entfernung, ganz zu schweigen von weiteren Motiven, die Zeitgenossen abhalten, Orte, an denen sich Glaubende um ihren Gott versammeln, aufzusuchen.

Es ist davon auszugehen, dass der Finanzminister der äthiopischen Königin bereits im Heimatland Berührungen mit Juden hatte. Zwar betätigte sich das jüdische Volk kaum je missionarisch – die Juden legen bis heute wenig Wert darauf, ihren Glauben zu verbreiten – hin und wieder scheint es jedoch Missionsaktivitäten in anderen Ländern gegeben zu haben. Wie auch immer, der Äthiopier muss davon erfahren haben. Zudem muss er geistlich wachsam, suchend und fragend gewesen sein. Die Antworten des eigenen Umfeldes auf seine Fragen mussten ihre Überzeugung verloren haben. Der Gott der Juden, der war ein echtes Gegenüber, das sich mitteilen und in Beziehung zu Menschen treten kann. Das war ein spannender Gedanke. Dem nachzugehen lohnten die Mühen eines über tausend Kilometer langen Weges.

Allerdings die bloße Teilnahme an einem Gottesdienst muss noch nicht zum Aha-Erlebnis werden. Viele herkömmliche Gottesdienste – das gilt auch für evangelische – spulen eine alt hergebrachte Ordnung ab, die jemanden, der erstmals eine Kirche betritt, befremden und wenig ansprechen dürfte. Aber sie können ein Anfang sein. Oftmals kommt es zu Impulsen oder Begegnungen, die daraus resultieren und weiterführen. So war es auch bei dem Kämmerer aus Äthiopien, der vom Tempelbesuch in Jerusalem völlig enttäuscht war, jedoch anschließend – auf der Rückreise – die entscheidende Erfahrung seines Lebens macht. Er begegnet einem der ersten Zeugen der Christenheit, der ihm die Welt des Glaubens an Jesus eröffnet. Ohne den Aufbruch ins Neuland des Glaubens wäre es zu dieser Begegnung nicht gekommen.

Übrigens gehört Äthiopien zu den Ländern, in denen schon frühzeitig erste christliche Gemeinden außerhalb Jerusalems und der Missionsbereiche der ersten Apostel entstanden sind. Möglicherweise ist das auf das Wirken jenes Kämmerers zurückzuführen, der in seinem Heimatland gewiss von seinen Erfahrungen berichtet, wenn nicht sogar selber dort einen ersten Kreis von Christen gegründet haben wird.

6. Der Kerkermeister von Philippi

Die Luft roch stickig im Gemäuer.
Die Nacht lag still und ungeheuer.

Es hallten Schritte von den Wachen.
Man hörte sie den Rundgang machen.

Ein Fensterloch war in der Ecke,
dort fielen Tropfen von der Decke.

Durchs Gitter funkelten die Sterne
aus ungeahnter weiter Ferne.

Erschien der Mond, sah man genauer
Gestalten liegen an der Mauer,

daneben Brot und Wasserkrug,
für jeden grade nah genug,

sie mit den Händen zu erreichen,
ohne dabei vom Platz zu weichen,

denn jeder war aus Vorbedacht
an einer Mauer festgemacht.

Beim Wälzen auf den Lagerstätten
erklang das Rasseln schwerer Ketten.

Die, die sich nicht an sie gewöhnten,
die lagen röchelnd oder stöhnten.

Nur langsam schliefen alle ein
und träumten davon, frei zu sein.

Doch etwa gegen Mitternacht
war jeder plötzlich aufgewacht.

Man hörte ungewohnte Klänge,
als wenn im Dunkel jemand sänge.

Wer konnte das bei Nacht hier wagen,
was würden wohl die Wächter sagen?

Und den Gefangenen fiel ein,
das mussten diese Christen sein;

die lobten ihren Gott mit Beten.
Die andern hörten es betreten.

Erst gestern waren sie gekommen,
nachdem man beide festgenommen

auf Grund von Aufruhr, wie es hieß.
Nun saßen sie hier im Verlies.

Man hatte sie erst hart geschlagen
und sie dann hier hereingetragen,

die Füße in den Block gelegt,
damit sich keiner fortbewegt;

doch war das auch höchst unbequem,
die Lage gar nicht angenehm –

sie fluchten nicht, sie schimpften nicht,
erstaunlich froh war ihr Gesicht.

Ja, sie erzählten, wer sie waren
und wie sie hatten Gott erfahren,

und dass sie nun zu allen Zeiten
und überall sein Wort verbreiten.

Hier saßen sie – es war schon spät –
und lobten Gott laut im Gebet.

Und Paulus sang und Silas pries
die Güte Gottes im Verlies.

Sogar die Wachen auf den Gängen,
sie lauschten ihren Lobgesängen.

Es hallte im Gewölbe wider,
der ganze Bau war voller Lieder.

Da plötzlich bebten alle Mauern.
Die Männer packte ein Erschauern,

denn es gab Risse in den Wänden,
die Ketten fielen von den Händen.

Es stürzten Steine von der Decke
und fielen polternd in die Ecke.

Die Türen sprangen aus den Fugen,
ja, aus den Angeln, die sie trugen.

Der Kerkermeister jäh erwachte,
als es im ganzen Hause krachte,

fuhr hoch und sah sogleich die Türen,
die zum Verlies hinunterführen:

Sie standen alle ganz weit offen.
Da war für ihn nichts mehr zu hoffen.

Kein Wächter stand mehr an den Toren.
Er dachte: „Jetzt bin ich verloren,

denn sind sie mir entkommen eben,
dann kostet das mich selbst mein Leben,

so will ich's lieber gleich beenden.“
Er hielt das Schwert schon in den Händen.

Doch noch bevor es dazu kam,
dass er sich so das Leben nahm,

rief Paulus laut, als er das sah:
„Halt ein, wir sind noch alle da!“

Der Kerkermeister schrie nach Licht.
Aschfahl erschien sein Angesicht.

Im Schein der Fackel sah man klar,
dass jeder noch am Platze war.

Der Kerkermeister war erschrocken:
Er sah sie ungefesselt hocken.

Er konnte es noch gar nicht fassen:
Nicht einer hat den Ort verlassen.

Doch dann begriff er es auch schon:
Die Männer waren nicht entfloh'n

dank dieser Christen, dieser beiden,
die alles schienen gern zu leiden,

die ihrem Gott so fest vertrauten,
dass die Gefang'nen auf sie schauten.

In Ehrfurcht fiel er auf die Knie.
Dann sprang er auf und führte sie

aus dem Gefängnis schnell heraus
und brachte alle in sein Haus.

Er wusch den Männern ihre Striemen,
die Wunden von den Peitschenriemen.

Und die Apostel hatten Zeit
und nutzten die Gelegenheit.

So haben alle, die dort waren,
von ihnen Gottes Wort erfahren.

Der Kerkermeister dachte nach.
Es traf ihn tief, sodass er sprach:

„Ihr Männer sagt, was muss ich nun,
dass ich gerettet werde, tun?“

„Glaub' nur an Jesus, Gottes Sohn.
Das ist für dich die Rettung schon!“

Die Nacht war kühl, der Himmel klar.
Man sah, wie eine kleine Schar

das Haus verließ im Mondenschein,
es mochte wohl ein Dutzend sein.

Man sah die Schar zum Fluss hin laufen:
Der Kerkermeister ließ sich taufen.

Und die Familie, groß und klein,
stieg gleich ins Wasser mit hinein.

Welch eine Freude, welch ein Fest,
als sich die Schar dort taufen lässt.

Zu Hause wieder angekommen
wird schnell das beste Kalb genommen,

geschlachtet und der Tisch gedeckt
und alle Kerzen angesteckt.

Man feierte und aß voll Freude.
Der Jubel drang aus dem Gebäude.

Der Morgen musste schon bald nahen.
Die Nachbarn wachten auf und sahen

die ausgelass'ne frohe Runde:
„Wer feiert zu so früher Stunde?"

Sie sahen auch die vollen Töpfe
und schüttelten erstaunt die Köpfe.

Die Sonne war kaum aufgegangen,
der Morgen hatte angefangen,

da kamen Diener vom Gericht,
die wussten von dem Vorfall nicht.

Sie hatten Nachricht vorzutragen:
"Der Richter lässt persönlich sagen,

der Kerkermeister lasse schnell,
bevor der Tag noch richtig hell,

die zwei Apostel wieder frei,
weil alles nur ein Irrtum sei."

Als Paulus den Beschluss vernahm,
dass kein Gerichtsverfahren kam,

und dass die Richter gerne wollten,
dass sie jetzt heimlich gehen sollten,

da sprach er: „Lasst den Richtern sagen:
Wir wurden ohne Recht geschlagen

und ohne Urteil fortgezerrt
und ins Gefängnis eingesperrt.

Auch haben sie uns nicht vernommen.
Jetzt soll'n die Herren selber kommen.

Als Bürger nach der Römer Recht
ist die Behandlung mir zu schlecht."

Als dies die Richter nun vernahmen
ergriff sie Furcht, sodass sie kamen

und kleinlaut die Apostel baten,
nicht das Versehen zu verraten.

Und sie geleiteten die beiden
und baten, ihre Stadt zu meiden.

Geistliche Betrachtung

Singen im Gefängnis – noch dazu Loblieder Gottes – das ist mehr als ungewöhnlich. Doch für Paulus und Silas war die Inhaftierung keine lästige Panne auf ihrem Missionsweg, sondern Wegstation, die Gott offenbar vorgesehen hatte. Somit war damit zu rechnen – was sich auch im Nachhinein herausstellte – dass sich in dieser Situation Besonderes ereignen und die Mission der Apostel begünstigt werden würde. Tatsächlich entstand in Philippi in der Folgezeit eine blühende christliche Gemeinde, mit der Paulus eine besonders innige Beziehung verband, zu der er Korrespondenz pflegte und die er wiederholt aufsuchte.

Mit den Liedern um Mitternacht hatte es begonnen. Man wird nicht damit rechnen können, dass den Aposteln in ihrer Lage und um diese Nachtzeit zum Singen zu Mute war. Entweder taten sie es gewohnheitsgemäß – entsprechend üblicher Gebetszeiten – oder gerade darum, weil ihnen nicht danach zu Mute war. Singen setzt nicht zwingend bestimmte Gemütsverfassung voraus, es kann sie auch erzeugen – vorausgesetzt, ich überwinde mich zum ersten Ton. Singen verscheucht Angst, Ärger, Kummer und gibt neuen Mut. So erinnere ich mich, wie ich als Kind, wenn ich bei Dunkelheit mit einem Auftrag in den Keller geschickt wurde oder mit dem Fahrrad unterwegs war, zu singen begann.

Heute erfahre ich als Pastor, wie wohltuend es ist, nicht nur in Gottesdiensten und Gemeindegruppen, sondern zum Beispiel auch bei Trauerfeiern zu singen. Auch wenn Angehörige Verstorbener gewiss nicht zum Singen aufgelegt sind und bisweilen sogar darum bitten davon abzusehen, ermutige ich sie mit geeigneten Liedvorschlägen, wenigstens die Trauergemeinde singen zu lassen. Erstaunlich ist nicht selten die anschließende Reaktion: „Gut, dass gesungen wurde. Dadurch war alles weniger traurig.“

Warum es nicht selber ausprobieren? Wenn einem nach Trübsal blasen oder Heulen zu Mute ist, warum nicht zu einem Musikinstrument greifen (wenn man eins spielen kann) und darauf spielen oder ein Lied anstimmen, etwa dieses:

Du bist meine Zuflucht und Stärke,
du bist meine Hilfe in Not.
Du bist meine Kraft, wenn ich schwach bin,
du bist mein Herr und mein Gott.

Du bist meine Freude im Leben,
du bist meine Hoffnung im Tod.
Du bist meine Zukunft für immer,
du bist mein Herr und mein Gott.

Du bist hier, auch wenn ich dich nicht spüre,
du bist treu, wenn ich untreu bin.
Du verstehst meine tiefsten Gefühle,
du liebst mich, so wie ich bin.

(Text und Melodie: Albert Frey / © Hänssler-Verlag Neuhausen-Stuttgart)

In Philippi sind bei solchem Gesang sogar Mauern eingestürzt und Menschen ins Fragen gekommen, die nur zufällig zugehört hatten – und für einen Gefängnisaufseher begann ein ganz neues Leben.

Nachwort

Schon im Mittelalter wurden biblische Geschichten in Versform gebracht, um sie dem Volk zugänglich und lieb zu machen in einer Zeit, in der es noch keine Übersetzungen und keine gedruckten Bibeln für jedermann gab. Der Sinn dieses Büchleins, dessen erste Teile zunächst absichtslos und nur aus persönlicher Freude an der Lebendigkeit neutestamentlicher Geschichten entstanden sind, könnte zweierlei sein: In kirchlichen Kreisen sind viele der vorstehenden Geschichten schon so oft gehört worden, dass dem Erzählenden häufig die Reaktion „Kennen wir schon!" entgegenschlägt. Als Hörer/in ist man versucht abzuschalten. Diese Erfahrung trifft nicht nur für junge Menschen zu, sondern auch für Erwachsene, nur dass diese es nicht so offenkundig äußern.

In unserer zunehmend säkularisierten Gesellschaft ist aber auch die andere Beobachtung zu machen, dass nämlich solche Geschichten, die einst jedem vertraut waren, heute auf völlige Unkenntnis stoßen. Es muss also neben herkömmlichen Verkündigungsweisen auch nach neuen Wegen gesucht werden. Hier ist nun der Versuch gemacht worden, neutestamentliche Geschichten in Form von Balladen zu erzählen.

Natürlich bringt dieses Unternehmen einige Probleme mit sich. Wenn man sich in diese Geschichten – wie versucht – hineindenkt, möchte man sie an vielen Stellen ausschmücken. Sie gewinnen dadurch an Farbe, stehen aber zugleich in Gefahr, verzerrt zu werden. Und natürlich habe ich an einigen Stellen nicht nur erzählt, sondern auch gedeutet.

Dürften biblische Geschichten ausschließlich unter historischen Gesichtspunkten betrachtet werden, wären wir nicht berechtigt, sie in der hier versuchten Weise darzustellen. Weil die Geschichten aber ansprechen, Vergangenes in die Gegenwart übertragen wollen, hat diese Erzählform ihre Legitimität. Die Texte sind im Übrigen nicht für eine bestimmte Altersgruppe geschrieben. Kinder werden hoffentlich ebenso ihre Freude daran haben wie Eltern, junge Menschen ebenso wie alte, besonders wenn die Geschichten vorgelesen werden.

Harsefeld, im November 2013 Gerald Flade

Printed by Books on Demand GmbH, Norderstedt / Germany